Bin baden!

Deutsche Politiker im Urlaub

Markus Caspers

Bin baden!

Deutsche Politiker im Urlaub

Fackelträger

Bundeskanzler Willy Brandt Anfang Januar 1973 am Strand von Jandia Playa im Gespräch mit deutschen Touristen. Brandt machte über Weihnachten mit einigen Familienmitgliedern Urlaub auf der spanischen Insel Fuerteventura. Mit dabei: der »Stern«-Fotograf Robert Lebeck (im Hintergrund), um die Privatheit für die Öffentlichkeit zu dokumentieren.

INHALT

Politiker privat – inszenierte Intimität im Medienzeitalter

Repräsentanten des Staates haben ein Problem: Ob demokratisch legitimiert oder diktatorisch an der Macht, sie sind besondere, herausgehobene Menschen. Alles, was sie tun, unterliegt der Beobachtung. Dinge, bei denen sie sich nicht beobachten lassen, schüren ein gewisses Misstrauen beim Souverän oder den Untertanen. In vielen Lebensbereichen sind schließlich alle Menschen gleich – und Urlaub hat eigentlich jeder. Daher möchte man auch den Politikern beim Baden zusehen. In der politischen Ikonografie haben die Aufteilung des industrialisierten Lebens in »Arbeit« und »Freizeit« einerseits und die Technik der Fotografie andererseits für einen gewaltigen Umschwung gesorgt. Gewiss, es gibt heute noch in manchen Königshäusern Bildarrangements, die

Winston Churchill 1955 beim Malen an der französischen Mittelmeerküste – eine einsame Leidenschaft, die dem Mann guttat; der DDR-Staatsratsvorsitzende Walter Ulbricht rudert (um 1960) seine Frau über einen See: Die hemdsärmelige Privatheit passt in die verordnete Spießigkeit des Arbeiter- und Bauernstaats.

auf der Tradition der klassischen Hofmalerei basieren, auch wenn sie fotografiert sind. Aber im Grunde brachte die Fotografie durch ihre scheinbare Unvermitteltheit und Schnelligkeit ein Stück Alltag in die Berichterstattung vom Leben der Mächtigen. Das konnte und musste man steuern und positiv verstärken: Mit den ersten Fotoreportagen von europäischen Adelshöfen und Politikern »ganz privat« gegen Ende der 1920er-Jahre, veröffentlicht in den neuen Magazinen und Boulevardzeitungen, etabliert sich rasch ein visueller Code für Freizeit. Der staatstragende Mensch darf sich jedoch niemals wirklich intim, allzu menschlich oder lächerlich zeigen, daher werden gerade die Urlaubsfotos für die Öffentlichkeit arrangiert, inszeniert und zensiert.

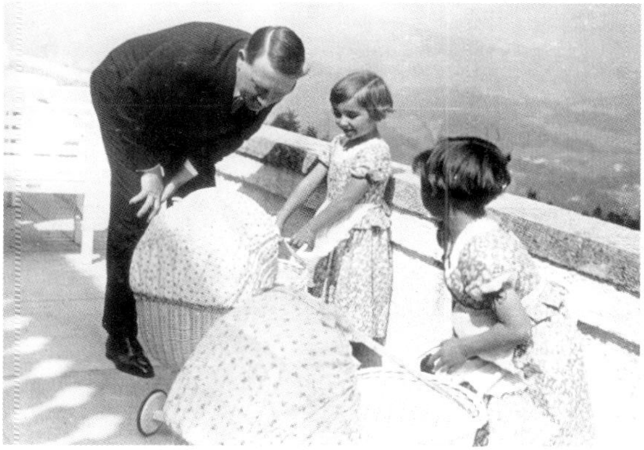

Adolf Hitler in seinem Feriendomizil Haus Wachenfeld auf dem Obersalzberg. Sein Leibfotograf Heinrich Hoffmann erkannte sehr früh die Kraft der inszenierten Politikbilder. Kleine Mädchen mit Puppenwagen sorgen immer für viele Sympathiepunkte, wenn sich der Onkel Führer, ganz unmilitärisch angezogen, mit ihnen unterhält.

Im Urlaub, dort, wo ein Politiker nicht mehr Staatsmann sein muss, sondern endlich Mensch sein kann, unterliegt das »Menschsein« festen Regeln, um eindeutige Bilder vom Menschen zu erzeugen: Der Mensch beim Spiel, der Mensch beim Sport, der Mensch als Familienmensch. Dieses Menschsein soll, wen wundert's, wenn möglich auch noch landesübliche und landsmannschaftliche Vorlieben verstärken oder zumindest bestätigen: Seht her, ich bin einer von euch, nirgendwo ist es doch so schön wie bei uns! Deshalb gilt: Je höher die Position des Porträtierten, umso weniger weit darf er von der Heimat entfernt im Urlaub gezeigt werden. Deutschland? Sehr gut! Europäisches Ausland? Geht gerade noch. Exotische Fernreisen? Die bleiben (zumindest in der medialen Aufbereitung) Landespolitikern mit Hang zur Extravaganz vorbehalten.

Gemessen an Großbritannien oder Frankreich ist die Art der Urlaubsberichterstattung in Deutschland noch als loyal und zurückhaltend zu bezeichnen – von einigen Politikern gibt es gar keine Fotos, von den meisten inszenierte (und das bedeutet mit beidseitigem Einverständnis hergestellte) Bilder und nur von

Männer in Badehosen, die nichts Böses ahnen: Das im Sommer 1919 entstandene Foto von Reichspräsident Friedrich Ebert (rechts) und Reichswehrminister Gustav Noske wird drei Monate später zum politischen Instrument gegen die junge Weimarer Republik. Es galt seitdem Generationen von Politikern als Warnung, sich nicht zu privat fotografieren zu lassen. Erst in den 1970er-Jahren hatten Gesellschaft und Politik wieder die Lässigkeit, Privates ein Stück weit öffentlich zu machen.

ganz wenigen sogenannte Paparazzi-Schüsse. Das ist in Italien oder Frankreich ganz anders: Präsident Sarkozy privat auf der großen Yacht eines Freundes? Nichts wie hin! Ministerpräsident Berlusconi beim Playboyspiel hinter hohen Mauern? Ab in die Bäume und das Teleobjektiv ausgepackt! Es geht aber auch umgekehrt: In vorauseilendem Gehorsam werden Rettungsringe und Bauchansätze wegretuschiert (z. B. bei Barack Obama und Nicolas Sarkozy) oder unliebsame Personen aus Fotos entfernt. Da ist es gut, wenn man die wichtigen Menschen im Verlagshaus persönlich kennt.

Die Geschichte des politischen Urlaubsfotos beginnt in Deutschland mit dem 1919 an der Ostsee in der Nähe von Travemünde aufgenommenen Foto von Reichspräsident Friedrich Ebert und Wehrminister Gustav Noske. Der dritte Mann im Wasser, der den Neptun spielt, gehört zum Vorstand des Kinderheims, das Ebert auf seiner Reise besucht, um politisches Terrain zu gewinnen. Der ortsansässige Strandfotograf fotografiert die Gruppe von insgesamt fünf Männern (zwei werden für die Veröffentlichung wegretuschiert) und verspricht, die Bilder nicht weiterzugeben. Damit nimmt die Tragödie ihren Lauf, denn die Fotos werden drei Monate später, am Tag der feierlichen Vereidigung Eberts zum offiziellen Reichspräsidenten (vorher hatte er das Amt provisorisch bekleidet), von einer großen Berliner Tageszeitung veröffentlicht. Damit sind Eberts Ruf, das Amt und die junge Demokratie schwer beschädigt.

Dieses Bild, harmlos entstanden, wurde zum Menetekel für jedes denkbare »unkontrollierte« Politikerfoto. Es dauerte fünf Jahrzehnte, bis sich wieder ein deutscher Spitzenpolitiker in Badehose zeigte. Wiederum ein Vierteljahrhundert später wird der Bade- und Liebesurlaub eines deutschen Verteidigungsministers zum Politikum und zum öffentlichen Abwatschen. Die (selbstverständlich inszenierten) Fotos von Rudolf Scharping und seiner späteren Frau Gräfin Pilati im Pool auf Mallorca bringen nicht wie erhofft die menschlich-sympathische

Menschen in Badekleidung, die es besser wissen sollten: Verteidigungsminister Rudolf Scharping lässt sich im Sommer 2001 zwecks Imagekorrektur mit Gräfin Pilati beim Baden fotografieren. Das Ergebnis: verheerend.

Seite des als spröde empfundenen Ministers zum Vorschein, sondern sorgen für Empörung, Hohn und Spott. In Anspielung auf einen Urheber der terroristischen Bedrohung, gegen den auch die Bundeswehr in Afghanistan kämpft, nennt man Scharping »Bin Baden«.

Viele Politikerbilder aus dem »Urlaub«, also aus jenem inszenierten Raum-Zeit-Kontinuum, das uns als solcher verkauft wird, haben sich ins kollektive Gedächtnis eingebrannt – positiv besetzt oder ironisch distanziert. Der Segler Helmut Schmidt, der Boccia spielende Konrad Adenauer, der Wanderer Karl Carstens etwa. Von einigen haben wir keine überlieferten öffentlichen Bilder, von einem jedoch besonders viele: Helmut Kohl fuhr fast dreißig Jahre an den Wolfgangsee und gerierte sich dort in den ersten Jahren als Familienmensch, dann als Tierfreund. So begann um 1978 eine Inszenierungspraxis, die den Kanzler im Feriendomizil jedes Jahr von einem anderen Tier umgeben zeigte: Vor allem Hunde, manchmal Kätzchen, aber auch Hirsche werden dem Pfälzer Kanzler an die Seite gestellt. Da wundert es nicht, dass die Satirezeitschrift »Titanic« Anfang der 1990er-Jahre angesichts solcher Bilder auf die Comicserie »Die roten Strolche« verfiel, in der die Bundespolitiker als Tiere und nur Helmut Kohl als Oberförster in Menschengestalt gezeichnet wurden.

Dieses Buch zeigt einen Querschnitt deutscher Nachkriegspolitiker in ihrem Urlaub – Lücken lassen sich leider nicht vermeiden. Von manchen gibt es gar kein Foto, von einigen nur ein einziges, und das ist zu wenig für ein eigenes Kapitel. Von den Bundespräsidenten über die Kanzler bis zu den Bundesministern und den Ministerpräsidenten spannen wir einen Bogen zu ganz verschiedenen Politikern auf Landes- und Bundesebene, die sich lokal oder überregional mit einem Urlaubsfoto in Erinnerung bringen wollten.

Typologie der Urlaubsfreuden: Familientiere, Wandersmänner, Gipfelstürmer, Skipper

Familientiere: Kanzler Ludwig Erhard mit Enkelinnen, 1959; Außenminister Hans-Dietrich Genscher 1973 beim Kaffee auf der Terrasse seines niederrheinischen Ferienhauses; Oppositionsführer und Ministerpräsident Helmut Kohl mit Familie am Wolfgangsee 1975; Bundespräsident Johannes Rau 1996 mit Familie auf Spiekeroog

Geht man die inszenierten Urlaubsfotos deutscher Politiker der letzten sechs Jahrzehnte durch, dann kann man vier Inszenierungstypen oder auch Topoi ausmachen, die relativ unabhängig von den Zeitläuften immer wieder abgerufen bzw. bedient werden.
Zuerst soll es – ohne Gewichtung – um den Typus »Familientier« gehen. Als vielbeschäftigter Mann oder gut ausgelastete Frau bleibt Politikern keine Zeit für ein Familienleben, das weiß jedes Kind. Umso wichtiger, dass die schönsten Wochen des Jahres im Kreis der Lieben verbracht werden. Wo, das ist fast schon egal, aber Ferienhäuser in Deutschland bieten sich an, um Werte wie Familie und Heimat zu unterstreichen. Man zeigt sich auf der Terrasse, im Garten, am Kamin, vor allem aber inmitten der Lieben. Zum Kreis der Familientiere gehören so unterschiedliche Charaktere und Zeitgenossen wie Ludwig Erhard, Hans-Dietrich Genscher, Johannes Rau und Helmut Kohl.

Ein nachgerade an »Deutschheit« kaum zu überbietender Typus ist der Wandersmann. Wandern ist traditionell eine sehr deutsche Fortbewegungsart, die in der Spätromantik auch noch mit den Mythen des deutschen Wesens und des Waldes überhöht wurde.

Wandern ist so deutsch, dass man es eigentlich auch nur in Deutschland machen kann – das Wandern ist des Deutschen Lust. Während Walter Scheel die Fanfare vom Postillion geschmettert hatte, wählte sein Nachfolger Karl Carstens das Durchwandern der deutschen Lande als Urlaubsbetätigung aus. Doch anders als die märchenhaften Könige, die sich wandernd unters Volk mischen, um zu erfahren, wie es um den Staat wirklich steht, zieht Carstens mit einem Tross Gleichgesinnter los, um zünftig die Mittelgebirge und Großlandschaften zu durchschreiten.

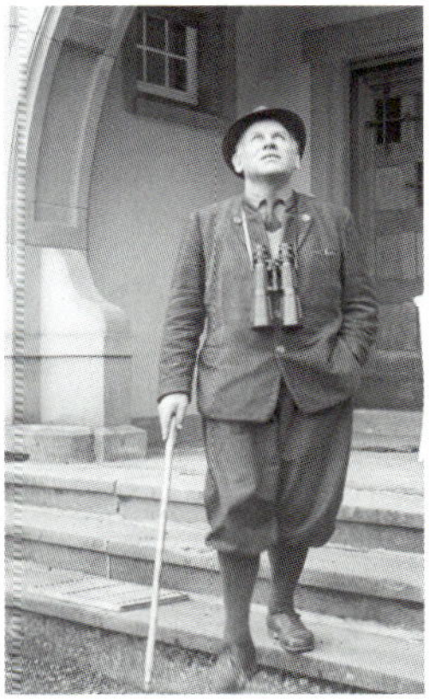

Wandersmänner: Bundestagspräsident Eugen Gerstenmaier 1963 im Hunsrück; Ministerpräsident Bernhard Vogel 1995 in der Rhön

Verteidigungsminister Volker Rühe 1997 auf dem Weg zum Kap Arkona auf der Insel Rügen; Finanzminister Theo Waigel 1996 im Allgäu

Gipfelstürmer: Heiner Geißler 1995 in der Pfalz; Ministerpräsident Manfred Stolpe und sein Tiroler Amtskollege Wendelin Weingartner 1998 auf dem Gipfel des Fluchtkogels in Tirol; Außenminister Frank-Walter Steinmeier 2008 auf dem Gipfel der Wilden Kreuzspitze in Tirol

Die sportliche Steigerung des Wanderers ist der Gipfelstürmer. Gegenüber dem der Mäßigung und der Demut entsprechenden Wandern geht es um das Bezwingen von Natur, um ein Über-sich-Hinauswachsen, das höchst sinnfällig abgebildet werden kann. Natürlich erklimmen Politiker keine Tausendergipfel – das Risiko dürfen sie nicht eingehen. Aber der Typ Gipfelstürmer überwindet die Baumgrenze, verlässt sich auf die Kraft seines Körpers bei der Bewältigung natürlicher Hindernisse. Ein Macher eben.

Skipper: Bundeskanzler Kurt-Georg Kiesinger 1967 auf dem Starnberger See; Superminister Karl Schiller 1973 auf dem ungarischen Plattensee; Kanzler Helmut Schmidt 1978 auf der Ostsee; der spätere Ministerpräsident Björn Engholm 1987 in der Kieler Förde

Zu guter Letzt der Freizeitkapitän. Er trotzt den Elementen, macht sich den Wind zunutze und setzt zur rechten Zeit das Segel, hält das Ruder fest in der Hand. Vor lauter wogenden Sprachbildern mag einem ein wenig seekrank werden, aber so sinnfällig ist die politische Bildersprache gemeint. Inbegriff des Polit-Skippers ist der Segler Helmut Schmidt, von dem Dutzende Aufnahmen im Boot und auf dem Wasser existieren. Er repräsentierte für die 1960er- und 70er-Jahre in idealer Weise ein neues bürgerliches Freizeitvergnügen, aber auch die sportliche Herausforderung, die sich sinnbildlich auf Politik übertragen ließ.

Savoir vivre et acheter chez Tante Emma: Die »Toskana-Fraktion« auf Besuch in Frankreich. Außenminister Joschka Fischer im Sommer 1999 auf einem südfranzösischen Markt beim Einkaufen. Ein seltenes Fotodokument, das den Minister jenseits seiner öffentlich dokumentierten Freizeitertüchtigung, dem Laufen, in einem quasi privaten Rahmen zeigt.

Bundesaußenminister Frank-Walter Steinmeier (SPD), aufgenommen bei einer Wanderung im August 2008 in den Pfunderer Bergen in Südtirol

Man könnte anhand des vorher Gesagten und Gezeigten den Eindruck gewinnen, dass sich Politiker von jeher umstandslos den Anforderungen der Mediengesellschaft unterwerfen und auch ihre Freizeit im angeblich öffentlichen Interesse dokumentieren. Dem ist natürlich nicht so. Einige Politiker verweigern sich vollständig, viele schließen einen Pakt mit den Medien und geben (anscheinend) kontrolliert einen Teil ihres Lebens preis, um an anderer Stelle, ungestört von den Reportern, privat sein zu können. Doch das ständige Auf und Ab von Stimmungen, Befindlichkeiten und Opportunitäten lässt die mediale Kontrolle als nahezu unausweichlich, vor allem aber als nützlich erscheinen. Der Mann ist fit, die Frau hat Stil, er ist auch nur ein Mensch, sie hat auch Falten – das sind unter anderem die banalen, tröstlichen Botschaften, die den Herrschaftsmenschen wieder auf den Boden der Tatsachen zurückholen. Zugleich folgt die Inszenierung der öffentlich ausgestellten Privatheit einer immer simpleren bildhaften Verklausulierung, die dem »Politikersprech« ähnlich wird. Es kann natürlich sein, dass ein Politiker gern und mit Passion auf Berge steigt – in dem Moment, wo eine große deutsche Tageszeitung darüber berichtet, bekommt das Bild eine übergeordnete Bedeutung. Es sagt: Schaut her, ich bin angekommen; ich habe es geschafft, keine Mühen gescheut, mein Körper und Geist waren so stark, dass ich auch Führungsaufgaben gewachsen bin. Ist also der Minister in der merkwürdigen Badehose ob seiner optischen Unzulänglichkeiten »näher am Bürger«? Die Berater sagen vermutlich, die Menschen wollen Vorbilder, nicht Abbilder. Aber wahrscheinlich haben Menschen gar kein Problem mit uneitler Erscheinung, sondern eher mit der immergleichen Inszenierung.

Bundespräsidenten

Theodor Heuss

Heinrich Lübke

Gustav Heinemann

Walter Scheel

Karl Carstens

Richard von Weizsäcker

Roman Herzog

Johannes Rau

Horst Köhler

Auf den Spuren des Abendlandes

Jetzt kann Papa nach draußen – kein Homburg und kein Panama, sondern das Käppi der Individualisten und der Résistance. Ende der 1950er-Jahre bei einem – Achtung, festhalten: vierwöchigen – Sommerurlaub mit der Familie seines Sohnes im Schweizer Engadin. Heuss' nicht mehr ganz jugendlicher Sohn passt dem Vater die Kopfbedeckung an.

Churchill lässt grüßen: Bundespräsident Theodor Heuss (FDP), Feingeist, Kulturwissenschaftler und Journalist, zeichnet während einer Reise nach Sizilien im Jahr 1957 einen Tempel in Taormina. Heuss war um Annäherung und Aussöhnung zwischen den Kulturen bemüht, heute würde man seinen Ansatz vermutlich »integrativ« nennen. Für die junge Bundesrepublik war er der perfekte Vertreter, der auch im Ausland großen Respekt genoss. Eine dritte Amtszeit, die man ihm andienen wollte, lehnte er mit dem Hinweis auf die dafür notwendige Verfassungsänderung ab. Theodor Heuss war Bundespräsident von 1949 bis 1959.

Kein Urlaubs-, sondern ein Reisefoto: Mutti und Vati scheinen auf den Bus mit der Reisegesellschaft zu warten. Staatsbesuch des Bundespräsidenten in Indien. Heinrich Lübke und Gattin Wilhelmine im November 1962 auf einer Bank vor dem Taj Mahal.

Man ist wieder wer: Aber wer?

Nach dem besonnenen, humanistisch gebildeten Freidemokraten Heuss trat 1959 (einige sagen, aus der Verlegenheit, keinen besseren Kandidaten gehabt zu haben) der Sauerländer und CDU-Politiker Heinrich Lübke das oberste deutsche Staatsamt an. Er diente fast zwei Wahlperioden lang, bis die sprachlichen Fehlleistungen nicht länger ignoriert werden konnten und sich Lübke außerdem seiner Vergangenheit im Nazi-Deutschland stellen musste. Kleines Redebeispiel gefällig? »Das freie Wort schlägt unter uns Brücken von Mensch zu Mensch.«

1969, kurz vor dem regulären Ende von Lübkes Amtszeit, übernahm der liberal eingestellte Gustav Heinemann. Dieser war 1950 aus Protest gegen Adenauers Wiederbewaffnungspläne als Bundesinnenminister zurück- und zwei Jahre darauf aus der CDU ausgetreten. 1957 wurde er Mitglied der SPD.

So verschieden diese beiden Bundespräsidenten waren, in einem sind sie vergleichbar: Es existieren in öffentlichen Fotoarchiven keine Bilder von privaten Urlauben. Allerdings: Der im Ruhrgebiet aufgewachsene Heinemann zögerte auch nicht beim volkstümlichen Schluck aus der Pulle.

Nachdem Walter Scheel in den späten 1960er- und frühen 70er-Jahren als Außenminister fungiert hatte, wurde er in der sozialliberalen Ära 1973 in der Nachfolge Heinemanns zum Bundespräsidenten gewählt. Seinem bevorzugten Feriendomizil im österreichischen Hinterthal (Pinzgau) blieb er auch als Präsident treu (hier beim familiären Osterurlaub 1976). Offensichtlich machte es dem Freien Demokraten Scheel große Freude, sich als Bergbursche zu verkleiden, zünftig in der Krachledernen und mit Tirolerhut. Die Patchworkfamilie Scheel (beide Ehepartner brachten jeweils ein Kind mit in die Ehe) wird mit Lämmchen und mit Schneemann idyllisch inszeniert: Der Kreis ist geschlossen.

Hier sehen wir Walter Scheel und Gattin Mildred im August 1976 bei einer Partie Golf auf einem Golfplatz im Westen von Irland, wo das Ehepaar einen dreiwöchigen Urlaub verbrachte. Dieses Bild vermittelt den Eindruck gelebter und nicht inszenierter Privatheit – ein Schnappschuss.

Zwischen Handicap und Schneemann

Wandern als Amtshandlung

Bundespräsident Karl Carstens und seine Frau Veronica setzten im Herbst 1979, sozusagen im Vorgriff auf die bevorstehende »geistig-moralische Wende« der Ära Kohl, mit ihrer Wanderung durch Deutschland ein Zeichen: Deutschland ist schön. Der Jura-Professor und CDU-Mann Carstens war im Mai 1979 zum Bundespräsidenten gewählt worden; seine Erkundung des deutschen Heimatlandes, die in Zeiten des boomenden Ferntourismus einer Mission gleichkam, begann der gebürtige Bremer in Ostholstein.

Richard von Weizsäcker (CDU) gab sich auf eine unmittelbarere Art als seine Vorgänger bürgernah. Sein bevorzugtes Feriendomizil hieß Bad Tölz. Wenn man die Bilder sieht, entsteht der Eindruck eines netten älteren Herrn, der es in der Freizeit gern sportlich und leger mag (Piqué-Polo und Bundfalten-Khakis), mit jedem ein Schwätzchen hält und überdies selbst einkaufen geht – als Mann und Bundespräsident. Die Aufnahme rechts unten entstand 1984, das Jahr, in dem Weizäcker zum sechsten Bundespräsidenten gewählt wurde. Das Gespräch an der Gemüsetheke fand 1993 statt. Aber auch beim Spaziergang im Schwarzwald (Urlaub 1991) in Begleitung seiner Frau Marianne macht er einen sehr entspannten Eindruck.

Onkel Richard kommt bald wieder

Herzogs im Schloss

Diese Bilder sind beispielhaft für offizielle Urlaubsreportagen, abzulesen an Frau Herzogs Mimik und Gestik. Beliebte Fotorituale, die hier bemüht werden, sind die Zeigehandlung des Mannes, welche durch das Näherbringen von botanischen Kenntnissen durch die Frau retourniert wird: Sieh mal hier, schau mal da … Ach, ist das schön! Mit dem Besuch des Dachauer Schlosses begann das Ehepaar Herzog den Sommerurlaub 1998 in der bayerischen Heimat. Der aus Landshut in Niederbayern stammende damalige Präsident des Bundesverfassungsgerichts Herzog wurde 1994 als Kandidat der CDU/CSU zum Bundespräsidenten gewählt und erlangte legendäre Bekanntheit durch seine Berliner »Ruck-Rede«.

Der Mann im Sand: »Bruder« Johannes Rau

Johannes Rau als Privatmann: mit Ehefrau Christina (einer Enkelin von Bundespräsident Heinemann) im August 1997 in den Dünen der Nordseeinsel Spiekeroog und mit Familie vor dem Feriendomizil. Zwei Jahrzehnte war Rau Ministerpräsident von Nordrhein-Westfalen gewesen, als er 1987 als SPD-Kanzlerkandidat gegen Helmut Kohl antrat. Rund ein Jahr nach seinem Abschied als Landesvater erfüllte sich ein lang gehegter Wunsch für ihn: Am 23. Mai 1999 wurde Rau zum Bundespräsidenten gewählt. Der damals 68-Jährige trat mit der Devise »Versöhnen statt spalten« an, womit er seinem Spitznamen »Bruder Johannes« gerecht wurde. Sein festes Bekenntnis zum evangelischen Glauben hatte dem Sohn eines Blaukreuzpredigers neben diesem Spitznamen auch noch die satirische Wertung als »gefürchteter Kirchentagsschwätzer« (Wiglaf Droste) eingebracht.

Maß und Mäßigung sprechen aus diesen Bildern: Alles ein wenig zu ordentlich, zu blitzsauber. Eine Bilderbuchfamilie. Kein Zweifel: Diese Kinder haben die Blockflöte auch in den Ferien dabei.

Bundespräsident Horst Köhler und seine Ehefrau Eva 2005 auf einer Wiese im Bayerischen Wald unterhalb des Gipfels des Großen Arbers bei Bayerisch Eisenstein. Was neben der bereits bekannten »zeigenden Hand« auffällt (auffallen soll): Er legt den Arm um seine Frau, sie strahlt. Seht her, wir sind immer noch glücklich.
Zwei Jahre später geht es mit der Ex-Skifahrerin Irene Epple und Ex-Finanzminister Theo Waigel, beide in zweiter Ehe glücklich miteinander verheiratet, zu einer Bergtour auf den 2012 Meter hohen Gipfel der Krähe in den Ammergauer Alpen. Im Gegensatz zu Roman Herzog gibt sich Köhler geradezu antipräsidial, möchte ein Mann aus Volkes Mitte sein. Aber auch zu Wasser ist der Bundespräsident in seinem Element: 2009 unternimmt das Ehepaar Köhler in speziellen Seekajaks eine Tour von Norderney nach Juist, um Seehunde zu beobachten.

Bewegungs-Aktivisten

Bundeskanzler

Konrad Adenauer

Ludwig Erhard

Kurt Georg Kiesinger

Willy Brandt

Helmut Schmidt

Helmut Kohl

Gerhard Schröder

Angela Merkel

Gib mir die Kugeln: Der Alte in Cadenabbia

Die Vaterfigur der jungen Bundesrepublik fuhr leidenschaftlich gern gen Süden. In Italien, genauer gesagt in seinem Urlaubsort Cadenabbia am Comer See, hatte der CDU-Kanzler das Boccia-Spiel kennengelernt. Hier sehen wir Adenauer 1957 und 1960 beim Boccia, das sich als Gesellschafts- und Familienspiel weit vor dem französischen Boule in Deutschland verbreitete – Cadenabbia sei Dank. Das Boccia-Fieber packte Adenauer übrigens mit solcher Vehemenz, dass er eine eigene Bahn in seinem Garten in Rhöndorf anlegen ließ. Geradezu überkorrekt gekleidet, macht Adenauer dennoch einen äußerst entspannten Eindruck. Ein Mann in Form, ein Mann, der das Leben liebt, ein Gentleman alter Schule und eine rheinisch-katholische Frohnatur.

Der rechte Gang zur rechten Zeit

Linke Seite: Kirchgang am Comer See, begleitet von den Honoratioren des Ortes. Die junge Dame an Sommerfrischler Adenauers Seite ist seine Tochter Lilly. Doch nicht nur in Italien fühlte sich der Kanzler wohl: Oben sehen wir ihn auf der Bühler Höhe im Schwarzwald, wo er im Juli 1956 den Urlaub verbrachte und die Gelegenheit zu einem Spaziergang mit Volkswandertag-Charakter ergreift.

Adenauer liebte Gesellschaft: Der illustre Journalist, Politiker (Bundespressechef, deutscher Beobachter, Botschafter bei der UN) und Drehbuchautor Felix von Eckardt 1958 vor der Abfahrt nach Vence an der Riviera, wohin er Bundeskanzler Adenauer in den Urlaub begleitet. Mit einem Gläschen Sekt stimmt sich das politische Rheinland auf die Riviera ein.

Warum in die Ferne schweifen, wenn das Gute liegt so nah? Bei einer unverbaubaren Hanglage und einem Bungalow vom Feinsten verbringt man den Urlaub auch gern in den eigenen vier Wänden. Dem gemütlichen Herrn mit der ewig brennenden Zigarre traut man seinen Hang zu ausgeprägter Modernität auf den ersten Blick gar nicht zu.

Vollbeschäftigung: Zwischen Enkelinnen und Sternenschau

Bundeswirtschaftsminister und Bundeskanzler Ludwig Erhard (CDU) mit seinen beiden Enkelkindern Susanne und Sabine im Sommer 1959 beim Spielen auf der Terrasse seines Hauses am Tegernsee. Der Vater des deutschen Wirtschaftswunders steht ein wenig ungelenk da, macht aber durchaus einen gut gelaunten und gutmütigen Eindruck.

Ein ungewohntes Bild: Bundeskanzler Kurt Georg Kiesinger 1967 während einer Segeltour auf dem Starnberger See. Den aus Württemberg stammenden Kiesinger stellt man sich eher als rüstigen Wandersmann mit Stock und Hut vor denn als Steuermann an der Pinne.
Diese Seite: Kiesinger, diesmal mit erwähntem Stock und Hut, in Begleitung seines langjährigen Freundes und Förderers Gerhard Todenhöfer im Dezember 1968 unterwegs in Ladis in Tirol. Kiesinger verbrachte seinen Winterurlaub in dem österreichischen Ferienort.

Steuer- oder Wandersmann: Der Kanzler der ersten Großen Koalition

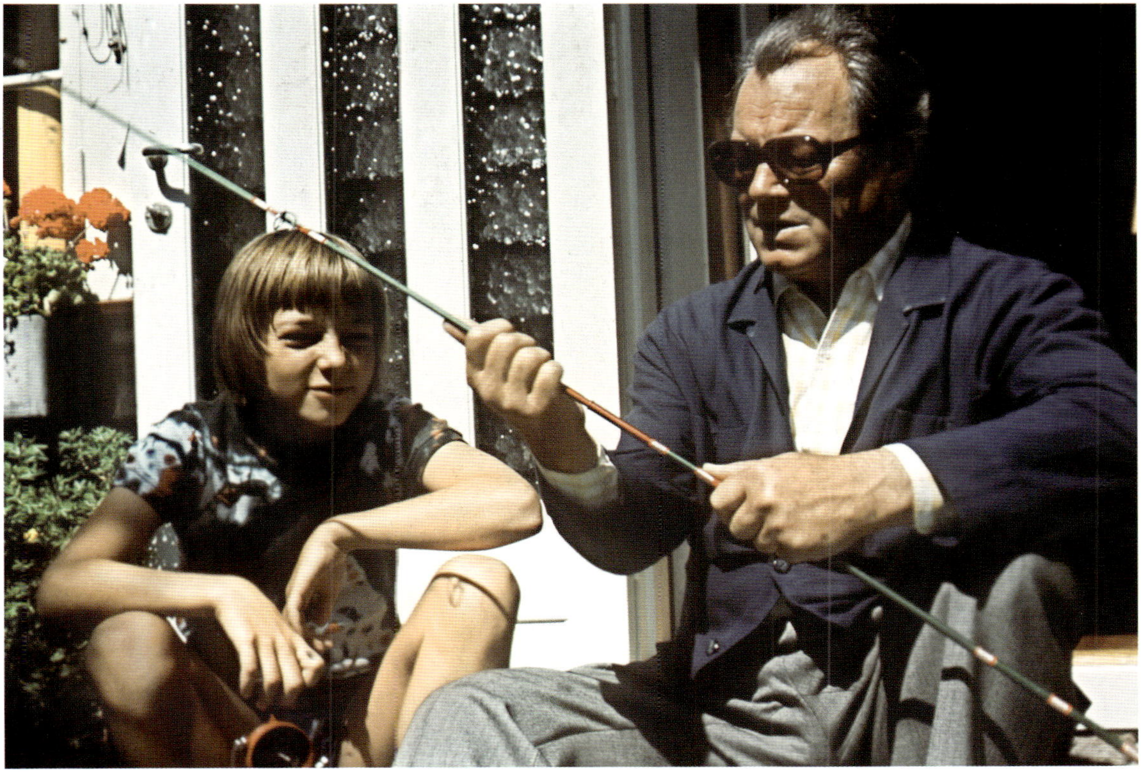

Norwegian Wood: Willy Brandt entspannt

Anfang der 1970er-Jahre: Bundeskanzler und SPD-Ikone Willy Brandt mit Familie in Hamar in Norwegen. Die dunkelblaue Arbeitsjacke und der schlichte Hut sollen uns sagen: Seht her, ich bin ein einfacher Mann, der seinen einfachen Leidenschaften nachgeht, Wandern und Angeln. Brandts zweite Ehefrau Rut pflückt Beeren am Wegesrand.

Eine Gelegenheit für das gute Gespräch zwischen Vater und Sohn Mathias (damals zwölf, heute ein bekannter Schauspieler), aufgenommen vor dem Ferienhaus in Hamar im Juli 1973. Skandinavien war für Willy Brandt, der 1913 in Lübeck als Herbert Frahm geboren wurde, zur neuen Heimat geworden, nachdem er 1933 Deutschland verlassen musste; von 1940 bis 1948 war Brandt norwegischer Staatsbürger.

Inbegriff des Skippers: Helmut Schmidt

Den Fotografen Jupp Darchinger ließ Bundeskanzler Helmut Schmidt sehr nahe an sich heran, weil er ihn für den besten Politporträtisten in Deutschland hielt. Das demokratisch geläuterte Herrscherporträt der Neuzeit ist die Schwarz-Weiß-Aufnahme Darchingers, bei der man leicht vergisst, dass es sich nur um den kleinen Brahmsee und um eine Jolle handelt, so gewaltig wird der Fahrensmann und Weltbürger Schmidt in Szene gesetzt. Mit festem Blick und Griff das Boot auf Kurs haltend – ein Herrscherporträt in Reinkultur. Schaut man sich die Dimensionen aus einer anderen Perspektive an, wird aus dem Welt- ein Wochenendsegler. In späteren Jahren befleißigte sich der SPD-Politiker (rechts oben mit Ehefrau Loki) einer gediegenen Segelclub-Pose.

Zu Hause ist's am schönsten

Kaffee, Kippen, Kekse: Die Schmidts in ihrem Element. Holz machen für den Kamin, Schach spielen mit Loki, der gemütliche Raucher Schmidt im zeitgenössischen Ambiente seines Ferienhauses. Die jeweils im August eines Jahres entstandenen Aufnahmen spiegeln den bundesdeutschen Politik-Lifestyle der 1970er-Jahre wieder. In der übersichtlichen Ordnung und Zurückgezogenheit des Bungalows am Brahmsee wurde auch schon mal Politik gemacht, vor allem aber Urlaub von dieser. Was diese Fotos von vielen anderen Politikerbildern vorher und nachher unterscheidet, ist die Unaufgeregtheit und Selbstverständlichkeit, mit der Schmidt porträtiert wird – und mit der er sich porträtieren lässt. Der Mann hat Selbstbewusstsein. Situationen, in denen er nicht authentisch sein kann, kämen für ein Foto gar nicht in Betracht.

Ästhetik der Rationalität: Schach und Fuge

Auch wenn man in erster Linie die Brahmsee-Fotos der Schmidts kennt, bestand die Freizeit des Bundeskanzlers aus mehr als nur Segeln. Denn der Hanseat Schmidt war ein umfassend interessierter und gebildeter Mann, der sich nicht nur für Kunst, Architektur und klassische Musik, sondern auch für Schach begeisterte. Auf dem Foto links spielt er während eines zehntägigen Urlaubs auf der spanischen Insel Gran Canaria 1981 mit dem damaligen Finanzminister Hans Matthöfer. Geradezu legendär ist Schmidts Passion für das Klavierspiel, das er ausgiebig pflegte, wann immer es möglich war. Die Aufnahme rechts stammt ebenfalls von Gran Canaria.

Von Kindern und Tieren: Helmut Kohl am Wolfgangsee

Diese beiden Bilder beschreiben recht gut die politische Ikonografie, die mit der Ära Helmut Kohl verbunden ist: der Politiker als Familienmensch, der Urlaub als Rückkehr in eine heile Welt und als Beweis für die Stetigkeit und Verlässlichkeit des Volkstribuns Kohl. Nahezu drei Jahrzehnte lang verbringen die Kohls den Sommerurlaub am selben Ort. Das hatte nicht einmal Adenauer geschafft.

Rechts: Hier beginnt die lange Geschichte der Tierfotos. Die Gattin des damaligen CDU-Vorsitzenden, Hannelore Kohl, hält eine kleine Katze auf dem Arm, aufgenommen während des Sommerurlaubs in St. Gilgen in Österreich im Juli 1975.

Er hat ein knallrotes Gummiboot

Nicht erst in den sechzehn Jahren als Kanzler, schon beim Ministerpräsidenten von Rheinland-Pfalz und Oppositionspolitiker in Bonn werden die Kohl'schen Urlaube zu einer einzigartigen Familienerzählung stilisiert – manchmal mit unvorhergesehenen Episoden: Plumps, knack, plöpp! Den armen Zaun hat's nicht gehalten, als sich Familie Kohl im Urlaub in St. Gilgen den Fotografen stellt. Kohl weiß, dass ihm seine Wähler solche Malheurs großzügig nachsehen.

Den in Ludwigshafen aufgewachsenen Helmut Kohl zog es im Urlaub nach Österreich an den Wolfgangsee. Der See spielt in den ersten Jahren der Berichterstattung eine große Rolle, er wird gleichsam zum mythischen Erneuerungs- und Stärkungsbad, das gleichzeitig überschaubar und abgeschlossen bleibt – man kann mit dem Schlauchboot nicht aufs offene Meer hinaustreiben.

Von Spielkindern und Skihasen

Familie Kohl spielt – wie es in der Pressemitteilung heißt – an einem verregneten Ferientag 1976 auf der Terrasse ihres Feriendomizils »Risiko«. Frau Hannelore verfolgt das Spielgeschehen und versorgt ihre Männer Peter, Helmut und Walter mit Getränken. Der erfolgreiche und ehrgeizige Politiker als Vater-Vorbild, die Familie intakt: Nix Fernsehen, bei uns wird intelligent gespielt!

Hallo? Wer braucht schon St. Moritz und Gstaad, wenn es die Sonnenalp gibt? Wer fragt nach Gunter Sachs und Skihasen, wenn wir solche Bilder von Helmut Kohl und seiner Frau Hannelore haben? Mehr Style geht nicht, mehr up to date kann man kaum sein als hier beim Skilanglauf während eines Kurzurlaubs bei Oberstdorf im Allgäu im Januar 1978. Ein durch und durch brillantes Foto.

Stabile Verhältnisse

Wüsste man nicht, dass es sich bei den abgebildeten Personen um den amtierenden Bundeskanzler und seine Gattin handelt, würde man annehmen können, dass diese Aufnahme eine bekannte Operetten- oder Schlagersängerin zeigt, die während einer Fernsehproduktion von einem Mitarbeiter über einen See gerudert wird, während das Playback für die Fernsehaufnahme läuft. Wir schreiben das Jahr 1986; aus dem Ministerpräsidenten, Oppositionsführer, Parteivorsitzenden und Kanzlerkandidaten ist der Bundeskanzler in seiner zweiten Amtszeit geworden. Acht Jahre liegen zwischen den beiden Bildern, acht Jahre, in denen sich Politik und Gesellschaft vom Aufbruch der 1970er-Jahre verabschiedet haben, um es sich in einer beschaulich-restaurativen Atmosphäre bequem zu machen. Keine Experimente mehr, sondern Vertrauen ins scheinbar Bewährte. Das knallige Schlauchboot ist dem hölzernen Kahn gewichen.

Wo der Bartl den Most holt: Männertraum Treckerfahren

Fünf Jahre sind seit der Kahnpartie vergangen, jetzt gehen die Kohls weg vom See und hinein in die Landschaft. In die mittleren und späten Jahre der Kanzlerschaft (immerhin waren es sechzehn) fallen die Inszenierungen mit dem obligatorischen, jährlich wechselnden »Urlaubstier«: Hunde, Katzen, Kitze, Hirsche. Ein Männertraum geht in Erfüllung: Im Sommer 1991 darf der Kanzler mit dem Bartlbauern auf die Wiese zum Heuwenden. Danach folgt das Shooting mit »Urlaubstier« – eigentlich ein Kalenderblatt.

Im Wildgehege auf der Kleefeldalm wird das Rehkitz »Maxi« von Frau Hannelore gefüttert, während der Kanzler bereits Ausschau nach etwas Größerem hält: Kaum ist das Kitz gefüttert, zieht der Kanzler den Hirsch »Petz« am Ohr. Welchen SPD-Granden er damit wohl gemeint hat? Die Aufnahme stammt aus dem Sommer 1994. Als wären wir alle in einem riesigen Märchenpark, in blühenden Landschaften wohlig aufgehoben. Doch war es nicht Kohl, der den »Freizeitpark Deutschland« als Umschreibung für die »soziale Hängematte« angeprangert hatte?

Unter Platzhirschen: Kanzler und Rotwild

Jedes Jahr ein neues Tier: Der Kohl'sche Tierkreis

1991 – wir erinnern uns – war es ein Hund, der die Kohls begleitete. 1992 folgte dann das Jahr der Katze. Und wer kann beim Anblick zweier solch possierlicher Tierchen widerstehen? Das fragen sich wohl auch die Kätzchen auf diesem Foto.

Tu felix Austria! Felix, der Berner Sennenhund, wurde von Bewohnern des österreichischen Kurorts St. Gilgen in der Hoffnung auf fotografische Verewigung zum Kanzlerpaar gebracht. Mehrere Motive wurden geschossen, im oberen Bild inszeniert man die Kohls im Stil des »Hortus conclusus«, eines beliebten Topos der Malerei der rheinischen Gotik. Wir schreiben das Jahr 1996.

Lässig durch die Welt, auf allen Plätzen zu Hause

»Komm mir nicht blöd, sonst zieh ich noch ganz andere Saiten auf«, scheint Kanzler Schröder hier beim Tennismatch dem Gegner oder Betrachter zuzurufen. Der Brioni-Träger, Cohiba-Raucher und Weltmann (bis dato unbekannte Attribute eines Sozialdemokraten) machte gern Urlaub in Italien; auf dem Foto spielt er Tennis in Pesaro.

Hier geraten der Bundeskanzler und seine Ehefrau Doris Schröder-Köpf während eines Spaziergangs an der Adriaküste in Pesaro im Sommer 2001 in eine Schar Fotografen – absichtlich oder unabsichtlich, wer weiß das schon. Schließlich hieß Schröder »der Medienkanzler«.

Stile mediterraneo

1998: Bundeskanzler Schröder im Weihnachtsurlaub an der Costa del Sol. Was an diesem Bild auffällt, ist das lässig-selbstbewusste Hände-in-den-Hosentaschen-Schlendern, das uns auf der nächsten Seite erneut begegnet: Hoppla, hier komme ich! Den privilegierten Habitus, als Polit-VIP auf das Personenschutz-Tamtam zu pfeifen und sich als »normaler Tourist« durch Siena zu bewegen, wohl wissend, dass man niemals dieser normale Tourist sein wird und sein will, strahlt Gerhard Schröder in besonderem Maß aus.

Gerhard Schröder pflegte einen bis dahin nicht gesehenen Stil, der sich vom altbacken-sportiven Look seines Vorgängers extrem abhob und seine Vorbilder eher in Italien suchte: Das Hemd lässig aufgeknöpft, Wollpullover Ton in Ton mit den Khakis oder Cordhosen. Und er verkörpert die selbstbewusste Position: Du kannst mir gar nichts, ich habe eine junge Frau, ich habe Erfolg, ich bin attraktiv, und ich fühl mich prächtig! Macho mit Niveau.

Ciao, Italia! – Schröders Absage an die Adria

Dann bleiben wir halt daheim: Bundeskanzler Gerhard Schröder und sein Freund, der in Hamburg lebende italienische Maler Bruno Bruni, unterhalten sich bei einem Kurzurlaub in einem Café in Falconara bei Ancona über Schröders Absage des traditionellen Sommerurlaubs in Bella Italia. Hintergrund: die verbalen Attacken des italienischen Wirtschaftsstaatssekretärs Stefano Stefani im Sommer 2003. Der Politiker hatte von deutschen Touristen als »einförmigen, supernationalistischen Blonden« gesprochen: »Sie bevölkern im Sommerurlaub lautstark unsere Strände, besoffen (...) von

arroganter Selbstgewissheit.« Das kann ich nicht unwidersprochen lassen, sagte sich Schröder und dachte öffentlich über eine veränderte Planung für das jährliche süße Nichtstun nach. Schweren Herzens vermutlich: Denn in Hannover oder an der Ostsee (siehe Foto oben: gute Miene zum bösen Spiel?) ist es zwar auch sehr schön – aber was ein echter Vertreter der Toskana-Fraktion ist, der möchte das für die teutonische Seele so faszinierende »dolce far niente« im Original erleben.

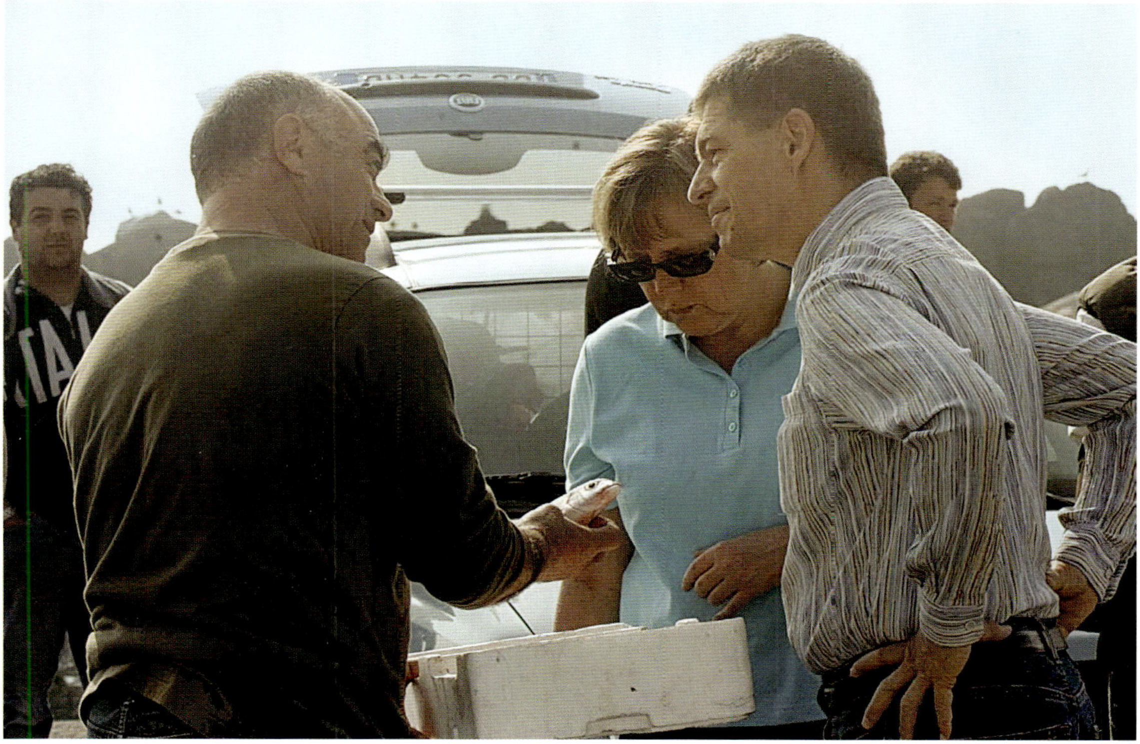

Einfach mal Tourist sein: Angela Merkel auf Ischia

Sehr viel deutscher und normaler geht es kaum: der Einzug in die Hotelanlage; lässig, im Partnerlook gekleidet, mit Shoppingtasche durch die malerischen Gassen des Ortes streifen; und schließlich die skeptische Begutachtung von Lebensmitteln, die von Einheimischen in fremder Zunge überschwänglich angepriesen werden. Das scheint immer noch die Quintessenz der Deutschen im Urlaub zu sein. Warum sollte die deutsche Kanzlerin (mit ihrem Mann auf der italienischen Insel Ischia 2006 und 2007) eine Ausnahme darstellen? Der Unterschied zu vielen Vorgängern und Kollegen ist nur, dass hier Paparazzi am Werke waren, die für die Inszenierung nicht bestellt und vermutlich auch nicht gewollt waren.

Bundesminister

Franz Josef Strauss

Karl Schiller

Walter Scheel

Hans-Dietrich Genscher

Norbert Blüm

Klaus Kinkel

Theo Waigel

Josef Ertl

Rudolf Scharping

Ulla Schmidt

Frank-Walter Steinmeier

Rainer Brüderle

Joschka Fischer

Immer und überall mobil: Franz Josef Strauß

Beschauliche Anfänge zu Zeiten, als Franz Josef Strauß noch Atomminister war. Er und einige Gäste aus Politik und Presse starten im Sommer 1959 zu einer sportlichen Geländefahrt per Fahrrad rings um Rott am Inn, wo der Minister ein freies Wochenende verbrachte. Auf der rechten Seite erkennt man gut, dass es eine Zeit gab, in der der Freizeit-Dresscode noch anders buchstabiert wurde und Hemdsärmeligkeit nicht anrüchig war: Franz Josef Strauß plaudert in kurzen Hosen und Unterhemd auf einer Schiffspassage von Malaga nach Barcelona im Jahr 1963.

Das fliegende Ministerzimmer: Franz Josef Strauß

Strauß war ein ehrgeiziger Mann, der wusste, was er wollte, aber manchmal an sich selbst scheiterte. Hoch kam er hinaus: Die Erlaubnis zur Führung eines »Privatluftfahrzeugs« erwarb er 1968 auf einer einmotorigen Propellermaschine. 1976 erfolgte die Prüfung zum Erwerb der Instrumentenflugberechtigung, 1985 die Pilotenprüfung für Turbo-Prop-Flugzeuge. Insgesamt besaß »FJS« fünf Fluglizenzen, u. a. die für zweimotorige Flugzeuge.
Aber auch sonst wusste Strauß zu überraschen: mit einem Blitzbesuch in der DDR zum Beispiel, »rein privater Natur« natürlich, wie hier im Jahr 1983.

Der Wirtschaftsprofessor auf dem Bauernhof

Bundeswirtschaftsminister Karl Schiller hatte sich in der Großen Koalition zwischen 1966 und 1969 einen Namen als erfolgreicher Wirtschaftsminister gemacht; die konstruktive Zusammenarbeit mit dem damaligen Finanzminister Franz Josef Strauß brachte den beiden die Spitznamen »Plisch und Plum« (nach Wilhelm Busch) ein. »Plisch« verbrachte seinen Urlaub im August 1968 auf einem Bauernhof bei Iserlohn.

Auf Gut Wyingerhof wollte der spätere Superminister (Wirtschaft und Finanzen in Personalunion ab 1971) zeigen, dass er kräftig zupacken kann und die körperliche Arbeit auf einem Bauernhof nicht scheut. Ob das echte Passion war oder einer Imagekorrektur des Professors in Zeiten der Studentenbewegung dienen sollte ...?

MASSEY · FERGUSON

Gulaschkommunismus aus der Nähe betrachtet

War es im Revolutionsjahr 1968 opportun, sich als Politiker körperlich arbeitend unter Arbeitenden zu zeigen, so darf der Wirtschaftsprofessor drei Jahre später einmal richtig ausspannen und die Schönheiten des real existierenden Sozialismus in Ungarn erfahren. Der Plattensee war schon damals ein beliebtes Reiseziel für Westdeutsche, denen Spanien zu heiß und die Riviera zu teuer war.
Was dann herauskam, sind Fotos, die heute jeder PR-Abteilung schlaflose Nächte und schweißnasse Achseln bescheren würden: Bundeswirtschafts- und Finanzminister Karl Schiller und seine Frau Etta während ihres Urlaubs in Ungarn 1971. Der Spaziergang in Kecskemét ist noch harmlos, die »Hochwasserhosen« waren damals Mode; doch dann kommt während einer Kreuzfahrt auf dem Plattensee an Bord der Segelyacht eine Badehose ins Spiel, die man eher fünfjährigen Buben antut als einem erwachsenen Mann und »Superminister«. Schillers Mimik macht denn auch keinen Hehl aus dem Unwohlsein. Ehefrau Ettas Blick beim Posieren mit dem ungarischen Schafhirten spricht ebenfalls Bände.

Steht ihm gut, der Tirolerhut

Der aus Solingen stammende Walter Scheel, seine Gattin Mildred und ihre Tochter Cornelia sitzen im Garten ihres Feriendomizils während eines Sommerurlaubs in Hinterthal in Österreich. Das Alpendomizil war über lange Jahre ein stetiger Anlaufpunkt für die Familie und wurde medial ausgeweidet. Während hier Frau Scheel in landesüblicher Dirndltracht abgelichtet wird, bereitete es Walter Scheel, wie man unschwer auf dem Foto links erkennt, eine besondere Freude, sich als Bergfex, Förster vom Silberwald oder Naturbursche zu verkleiden.

Trotz der Idylle mit Swimmingpool immer im Dienst: Hans-Dietrich Genscher studiert während seines Urlaubs im Feriendorf »Venekotensee« bei Elmpt am Niederrhein die Tagespresse.

Auch im Urlaub Minister des Inneren

Klecker bloß nicht auf die Tischdecke: Kaffee mit Mutti und Frau am Niederrhein – beschaulich, bescheiden, bieder. Aber 1972 ist die Welt ja auch noch in Ordnung. Die sozialliberale Kiste brummt, und Hans-Dietrich Genscher verbringt als Innenminister den Urlaub im Inneren des Landes. Erst zwei Jahre später wird Genscher unter Kanzler Helmut Schmidt Außenminister und bleibt es auch unter dessen Nachfolger Kohl. Insgesamt addieren sich sagenhafte achtzehn Jahre auf internationalem Parkett.

Spaß muss sein

Da Politiker eigentlich immer im Dienst sind, fällt die Trennung zwischen dem offiziellen Teil und dem privaten Interesse oft nicht so richtig randscharf aus. Urlaubsreisen werden dann als Dienstreisen deklariert, und auf politischen Missionen versucht man vielleicht, ein wenig Freizeit und Entspannung zu finden. Die Reise von Bundesarbeitsminister Norbert Blüm 1997 nach Nepal ist so ein Fall. Blüm fuhr gemeinsam mit Bundestagsvizepräsidentin Antje Vollmer (diese beklatscht begeistert seine akrobatischen Fähigkeiten) und seiner Frau Marita (Arm in Arm vor blühenden Gärten) zur Beisetzung von Mutter Teresa nach Kalkutta und nutzte dann die Gelegenheit, um sich anschließend in Nepal über Kinderarbeit zu informieren. Dabei konnte er es sich nicht nehmen lassen, den Clown zu geben.

Mann, der kann sich sehen lassen!

1996: Bundesaußenminister Klaus Kinkel joggt am letzten Tag seines Sommerurlaubs noch einmal durch die Brandung der Nordsee an der südniederländischen Küste bei Burgh-Haamstede. Demonstrative Fitness als Beleg für den Siegeswillen der Partei vor der heißen Phase des Bundestagswahlkampfes.

Zeig mir deine Badehose, und ich sag dir, aus welchem Land du kommst: Auf dem Foto rechts ist Klaus Kinkel in Begleitung seines Schweizer Amtskollegen Flavio Cotti auf der Nordseeinsel Juist beim Wassertreten zu sehen. Der bekennende Nordseefan Kinkel nutzt seinen Urlaub 1994 zum informellen Plausch. Wir wissen nicht, wohin oder worauf Kinkel tatsächlich zeigt, dürfen aber vermuten, dass die Anwesenheit eines Pressevertreters zu dieser Geste Anlass gab.

Heimatverbunden und sportlich: Theo Waigel

Bundesfinanzminister Theo Waigel wurde während seiner politischen Karriere vorwiegend als aktiver, sportlicher Mann in den besten Jahren porträtiert. 1993 radelt er über den Rennsteig in Thüringen: Er macht einen Aktivurlaub – das erwartet die Öffentlichkeit von einem Minister, der die deutsche Einheit finanziell stemmen soll.
1996 darf er bei einer Wanderung die spätsommerliche Allgäuer Landschaft genießen. O-Ton der Pressemeldung: »Dank des schönen Wetters wurde die Wanderung für den Finanzminister, die er gemeinsam mit Frau Irene, Sohn Konstantin und Freunden unternahm, zu einer erfrischenden Erholung von den Strapazen des politischen Alltags in Bonn.«

1997 wandert das Ehepaar Epple-Waigel vom unterfränkischen Weinort Volkach zur Wallfahrtskirche Maria im Weingarten. Die Liaison Waigels mit der Skifahrerin Irene Epple, die im CSU-Milieu zunächst für einen kleinen Skandal gesorgt hatte, war nach einigen Jahren, vor allem nach der Heirat der beiden im Jahr 1994, akzeptiert.

So ein Pfundskerl: Josef Ertl, Agrarminister

Mia san mia! Bundeslandwirtschaftsminister Josef Ertl strotzt während eines Kurzurlaubs im August 1972 nur so vor Selbstbewusstsein. Auf einer Almhütte nahe Schliersee ließ er sich beim Wassertreten im Holztrog fotografieren – zwei Jahre später ebendort beim Schießen. Der FDP-Politiker und gelernte Landwirt war von 1969 bis 1983 – vierzehn lange Jahre – Bundeslandwirtschaftsminister. Der scharfe Kritiker der Entspannungspolitik unter Walter Scheel zeigt eine bacchantische, archaische Seite, die heute als nicht mehr präsentabel gälte.

Unter die Räder gekommen: Rudolf Scharping auf Mallorca

Sommer 2001: Statt sich wie in den Jahren vorher als ambitionierter Radfahrer porträtieren zu lassen, hat Verteidigungsminister Rudolf Scharping die Illustrierte »Bunte« an den Hotel-Swimmingpool nach Mallorca eingeladen. Grund: Seine neue Lebensgefährtin Gräfin Pilati, die er zuvor mit einer PR-Offensive öffentlich eingeführt hatte. Die Mallorca-Fotostrecke der »Bunten« – Scharping im Pool mit der Gräfin, auf dem Fahrrad oder beim verträumten Weingenuss – erschien während des ersten Nachkriegseinsatzes der Bundeswehr im Kosovo-Krieg. Neben Hohn und Spott (nach den Anschlägen vom 11. September sprach man von Scharping als »Bin Baden«) musste sich der SPD-Minister von Kollegen, Parteigenossen und der Presse Instinktlosigkeit attestieren lassen – der Rücktritt erfolgte 2002.

Nr. 35 23.8.2001 4,30 DM
BUNTE
Interviews mit:
Andre Agassi, Daniel Ducruet, Puff Daddy, Renée Zellweger, Dirk Bach, Leni Riefenstahl, Rezzo Schlauch, Jörg Wontorra
Weltmeister Michael Schumacher
So zärtlich gratulierte ihm seine Corinna
Party-Girl Ariane Sommer
Ist sie zu sexy fürs Fernsehen?
Christine Kaufmann
„Mein Beweis: Ich bin nicht geliftet“
Verteidigungsminister Rudolf Scharping und Gräfin Pilati
Total verliebt auf Mallorca
Interview über Hochzeit, Bundeswehr und Jobwechsel

Dienst ist Wagen und Wagen ist weg

Tja, wäre auf dieser gemischten Dienst-/Privatreise von Gesundheitsministerin Ulla Schmidt nach Spanien der teure Dienstwagen nicht gestohlen worden, dann hätte sich im Sommer 2009 niemand aufgeregt, es hätte keine parlamentarischen Anfragen und keinen Klärungsbedarf durch den Bundesrechnungshof gegeben. Aber so wurde fast eine Staatsaffäre daraus, der Bundestagswahlkampf war beeinflusst, und vor allem zeigte sich wieder einmal: Wer den Schaden hat, braucht für den Spott nicht zu sorgen.

Doch jenseits der eigentlichen »Affäre« zeigen die Fotos von Ulla Schmidt aus dem Ort Els Poblets bei Alicante, dass sie es auch im Urlaub genießt, Ministerin zu sein. Schmidt war Gesundheitsministerin mit Leib und Seele und somit eigentlich nie außer Dienst – auch nicht im Urlaub (also der Zeit, in der sie nicht im Ministerium oder Kanzleramt war). Ach, könnte das Leben schön sein, wenn nicht an jeder Ecke Autoknacker lauern würden …

Ein Mann will nach oben

Bundesaußenminister Frank-Walter Steinmeier und seine Ehefrau Elke Büdenbender im August 2008 auf dem Gipfel der 3132 Meter hohen Wilden Kreuzspitze in den Pfunderer Bergen in Südtirol. Wenn jemand als Bürohengst und Schreibtischtäter gilt, dem man andererseits umfassende Kenntnisse, diplomatisches Geschick und vor allem Organisationstalent zuschreibt; wenn dieser Jemand dann vom Kanzleramtsminister zum Außenminister und Vizekanzler aufsteigt und gar nach der Macht greift – dann muss er wohl den Urlaub in den Bergen verbringen und Gipfel erkraxeln. Genutzt hat es politisch nicht, zu wenig nahm man Frank-Walter »Frankie« Steinmeier den Führungsanspruch ab. Bei der Bundestagswahl 2009 fiel das Wahlergebis der SPD auf ein historisches Tief, vom Gipfelkreuz ging es hinab ins Tal der Tränen.

Beschaulich unterwegs im Land der Reben und Wälder

Rainer Brüderle war von 1987 bis 1998 Wirtschaftsminister von Rheinland-Pfalz, seit Oktober 2009 ist er Bundesminister für Wirtschaft und Technologie im Kabinett Merkel. Dem bekennenden Rheinland-Pfalz-Fan sollen wir hier abnehmen, dass er beim Wandern durch den Hunsrück »zufällig« auf diesen Rentner und seine Familie im Pferdewagen traf, die ihn sogleich aufnahmen und begleiteten. Ein Heimatfilm aus den 1950er-Jahren könnte nicht unglaubwürdiger sein. Weinfreund Brüderle, der wie immer seinen Urlaub in Rheinland-Pfalz verbringt, dem nach seinen eigenen Angaben »schönsten Ferienland Europas«, sehen wir auf der rechten Seite beim Gang durch die Weinberge von Oberwies an der beschaulichen Lahn.

Es muss nicht immer Toskana sein

Joschka Fischer, von 1998 bis 2005 Außenminister und Vizekanzler im Kabinett Gerhard Schröder, zählt zu den Vertretern der sogenannten »Toskana-Fraktion«, einer Gruppe Politiker, die sich, ursprünglich aus einem linksintellektuellen Spektrum stammend, zu bohemienhaften Genussmenschen entwickelt haben. Ausgelebt wurde diese neue Sinnlichkeit in einer Vorliebe für Italien und italienische Lebensart. Die Toskana-Fraktion, und allen voran Joschka Fischer, hat neben politischen Überzeugungen und Werten ihren Lebensstil in die Politik eingeführt – Lifestyle als Abgrenzungsmerkmal innerhalb der politischen Klasse und deren Wählern.

Im Juni 2006, unmittelbar bevor der Grünen-Politiker sich ganz aus der Politik zurückzog, unternahm er eine kleine Weinreise durch Deutschland – im Handgepäck mit dabei ein Reporter vom »Stern«. Gekostet wurde in der Pfalz, an Nahe und Tauber.

Ministerpräsidenten

Edmund Stoiber

Erwin Teufel

Kurt Beck

Gerhard Glogowski

Ein typisches Bild: Politiker-Ehepaar spiegelt nachdrückliches Interesse an der Flora vor. Vor allem dem bayerischen Ministerpräsidenten und CSU-Vorsitzenden Edmund Stoiber mag man die dick aufgetragene Begeisterung für Lupinen nicht so recht abnehmen. Seine Ehefrau Karin macht da einen kompetenteren Eindruck während der Wanderung in den Bergen von Samnaun in der Schweiz.

Der Blumen- und Familienfreund

Der Politiker als Familienmensch und treu sorgender Vater – vor dem Kamin hat es sich Familie Stoiber 1993 beim gemeinsamen Urlaub im österreichischen Obertauern gemütlich gemacht: Sohn Dominic, Ehefrau Karin, Vater Edmund und die beiden Töchter Constance und Veronica. Vor allem Ministerpräsidenten, leger »Landesfürsten« genannt, müssen das Klischee des väterlichen »Sich-Kümmerers« bedienen.

FN 1831

Daheim in Paradisien

Baden-Württembergs Ministerpräsident Erwin Teufel (CDU) und seine Frau Edeltraut im Jahr 1995. Der zweieinhalbwöchige Urlaub, bei dem Abschalten, Ausspannen und Frische-Kräfte-Sammeln ganz oben auf ihrem Programm stehen, beginnt mit einer PR-Kampagne für den Urlaub im eigenen Bundesland. Das Schwäbische Meer, der Bodensee, dient als Kulisse, wenn die Teufels vor dem Schlemmen mit einem Gläsle anstoßen oder so tun, als würden sie rudern. Erwin Teufel war von 1991 bis 2005 im Amt.

Leckerle und Kleckerle

Überlingen am Bodensee, 2001. Seht her, des isch mei Ländle! Ja, der Erwin, der hat's drauf: Erst schippert er, begleitet von Angela Merkel und Annette Schavan (die »ganz zufällig« in der Nähe waren), über den Bodensee, und zum Abschluss eines schönen Tages gönnt er sich noch einen Eiskaffee mit Gattin Edeltraut. Aber Achtung: Nicht kleckern!

Der rheinland-pfälzische Ministerpräsident Kurt Beck beim autofreien Erlebnistag »Happy Mosel« bei Zell. Selbstverständlich sind dies inszenierte Bilder, die einen leger und sportlich angezogenen Politiker zeigen, der sich körperlich betätigt, auf die Vorzüge des heimischen Bundeslandes hinweist und jovial auf die Leute zugeht. Seit seinem Amtsantritt 1994 hat der Sozialdemokrat Beck das Fahrrad als sein politisch-symbolisches Objekt entdeckt. Mit eigener Kraft vorankommen, mit offenen Sinnen durch die Welt reisen, jederzeit anhalten können für den Kontakt mit dem »Mann auf der Straße« – das macht »König Kurt« froh und zufrieden.

Fest im Sattel seit 1994

TUI
chöne Ferien!

Mensch, diese Glogowskis …

Wir erinnern uns: Je höher das Amt im Staate, umso näher am Staate musst du Urlaub machen. Und je weiter weg … Genau: Niedersachsen hatte mal einen Innenminister und späteren Ministerpräsidenten namens Gerhard Glogowski. Der hatte schon vorher viele verschiedene Ämter und Posten innegehabt, teilweise auch mehrere gleichzeitig. Seine Flitterwochen in Ägypten bezahlte freundlicherweise die Firma TUI. (An dieser Stelle soll nicht unerwähnt bleiben, dass dieser Zahlungsumstand von Glogowski und von der TUI immer dementiert worden ist.) In der Nähe von Hurghada am Roten Meer konnte die Frau des Regierungschefs, der den Unterwassersport seit langem praktiziert, sogar die Tauchscheinprüfung ablegen. Das Paar hatte sich zuvor am 29. März 1999 in Hannover das Jawort gegeben.

Auch in den Jahren davor suchte er im Urlaub Herausforderungen. Als Glogowski noch Innenminister war, erklomm der passionierte Bergsteiger 1997 während seines Sommerurlaubs den 7134 Meter hohen Gipfel des Pik Lenin im Pamirgebirge in Kirgistan (Foto rechts). Sein Traum sei es, einmal einen Achttausender zu besteigen, sagte Glogowski der Presse, für die nächste Zeit sehe er dafür jedoch keine Chance. Es kam anders. Der Nachfolger von Gerhard Schröder im Amt des Ministerpräsidenten musste im November 1999 zurücktreten, nachdem der Druck wegen verschiedener Vorwürfe der Vorteilsnahme zu groß geworden war.

Vermischte

Erich Honecker

Heiner Geissler

Roland Koch

Guido Westerwelle

Norbert Gansel

Peter Müller

Renate Schmidt

Ursula von der Leyen

Claudia Nolte

Die Heide ruft nach Schießbefehl

Nicht nur im Westen, auch im Osten wurde pseudo-privat fotografiert. Da sollte der Sozialismus mal sein menschliches Antlitz zeigen ...

Ein Herz für große Tiere, vor allem wenn sie leblos vor ihm lagen, hatte der Chef unseres Nachbarlandes und deutschen Bruderstaats Erich Honecker. Da Fortschritt in diesem Teil der Welt bedeutete, nachzumachen, was die Russen vormachten, gingen die DDR-Bonzen auf Jagd, getreu dem Motto: Die sozialistische Kugel in ihrem Lauf hält weder Hirsch noch Mufflon auf ... Ferien vom Regieren machten Honecker und Genossen gern beim Jagen in der Schorfheide.

Mmmmhhh, Mufflonsüppchen ... Das ist mal eine willkommene Abwechslung zur täglichen Soljanka. Und schmecken tut's auch, wie man der Miene des Staatsratsvorsitzenden entnehmen kann.

Zurück zur Bergpredigt: Klettern mit Heiner Geißler

Der ehemalige CDU-General und politisch »harte Hund« Heiner Geißler wandelte sich im Laufe der vergangenen zwei Jahrzehnte zu einem urchristlich orientierten Globalisierungsgegner und überzeugten Kritiker des Profitstrebens. Nach einem schweren Paragliding-Unfall beschränkte er seine sportlichen Aktivitäten aufs Extremklettern – und wozu der Mann mit 65 Jahren fähig ist, zeigt er 1995 dem Fotografen im Dahner Felsenland in der Pfalz. Eine One-Man-Show fürs Ego, denn Geißler strebte keine politischen Ämter mehr an.

Trips ins Reich der Mitte

Die hätten sich glatt über den Weg laufen können: 2007 besuchen sowohl der hessische Ministerpräsident Roland Koch als auch der FDP-Bundesvorsitzende Guido Westerwelle die Volksrepublik China. Links sehen wir Koch bei der Besichtigung eines Ming-Tempels, rechts spaziert Westerwelle über die Chinesische Mauer. Helle Sommerhosen und leichtes Freizeithemd – casual und trotzdem korrekt.

Arbeitsethiker

Norbert Gansel war eine Ausnahme in der deutschen Politik, seine Rechtschaffenheit nahm fast schon übersteigerte Züge an – was aber an der selbstgefälligen Haltung der anderen Politiker lag. Zu Gansels Ethos gehörte, dass er sämtliche Einnahmen offenlegte, bevor das politischer Usus wurde, und seine Urlaube als »Praktikum« gestaltete, um den Kontakt zu den Leuten aufrechtzuerhalten, die er als Politiker vertreten wollte. Deshalb jobbte Gansel auf der Werft, bei der Post, bei Speditionen etc. Von 1997 bis 2003 war der SPD-Politiker der erste direkt gewählte Oberbürgermeister der schleswig-holsteinischen Landeshauptstadt Kiel.

Der saarländische Ministerpräsident Peter Müller wird medial eher zurückhaltend inszeniert. Aber einmal im Jahr muss der Mann tun, was ein Mann tun muss: Dann legt er sich mit seinem Team beim Drachenbootrennen ins Zeug. Mit seiner Mannschaft belegte er 2009 im dritten Vorrundenlauf des »11. Saar-Spektakels« in Saarbrücken Platz drei.

Kinder und Tiere und »Gedöns«

Renate Schmidt, hier noch als bayerische Vorsitzende der SPD, mit Enkelin Monika, dem Bauernbub Max und einer Ziege im Sommer 1992, als sie ihren Urlaub auf dem Bauernhof verbringt. Schmidt war von 2002 bis 2005 Ministerin für Familie, Senioren, Frauen und Jugend, ein Amt, das ihr Chef Gerhard Schröder gern als »Frauenpolitik und das ganze andere Gedöns« bezeichnete.

Ach, wie süß: Familienministerin Ursula von der Leyen (hier in Länder- und noch nicht in Bundesverantwortung) posiert mit ihren Kindern im Garten. Familie von der Leyen blieb im Sommer 2005 zu Hause, um das neue Familienmitglied, den jungen Golden-Retriever-Labrador-Mischling names Milu, an die Familie zu gewöhnen. Und außerdem kann man zeigen, wie schön die Ferien im Kreise der Familie sein können.

Lass dich nicht von fremden Frauen an der Hand nehmen ... Bundesfamilienministerin Claudia Nolte (Kabinett Kohl V) auf Inlineskates in der Nähe ihrer thüringischen Heimatstadt Ilmenau. Dort verbringt sie 1998 ihre Ferien. Wo sie die Jungs herhat? Die liefen da frei herum. Und da sie Ministerin für Familie und Jugend ist, bleibt wohl kein anderes Motiv als sportliche Betätigung mit Kindern, die ihre eigenen sein könnten.

Markus Caspers, geboren 1960 in Koblenz, studierte Kunsterziehung und Germanistik. Nach dem Examen arbeitete er als Artdirector und Texter bei namhaften Werbeagenturen. 1999 Gründung einer Agentur für Unternehmenskommunikation. Promotion zum Dr. phil. in Designwissenschaft. Heute ist Markus Caspers Professor für Gestaltung und Medien an der Hochschule Neu-Ulm. Er ist verheiratet und lebt in Köln.

Alle Abbildungen: picture-alliance/dpa,
ausgenommen:
Umschlagvorderseite (Helmut Schmidt), S. 46 © Fotoarchiv Jupp Darchinger im AdsD der Friedrich-Ebert-Stiftung
Umschlagvorderseite (Berliner Illustrirte Zeitung), S. 8: Archiv Fackelträger Verlag
S. 104, 105 © Volker Hinz/Stern/Picture Press

Konzept, Gestaltung und Satz: Indianapolis Books, Köln
www.indianapolis-books.de
Gesamtherstellung: VEMAG Verlags- und Medien AG, Köln

ISBN 978-3-7716-4451-2

www.fackeltraeger-verlag.de